"人生学校"成立于 2008 年,是一个由英国知名作家阿兰·德波顿创建的文化平台,旨在通过电影、工作坊、图书、礼物以及温暖又富于支持的社群,来帮助人们过上更充实、更有意义的生活。在优兔平台已经拥有超过 900 万订阅者。

很多人在年轻时天真地以为校园学习就是掌握全部知识的途径,长大后才发现在学校里很多东西是学不到的,很多问题更是连思考的机会都没有。德波顿利用自己的影响力创办"人生学校",挑战传统大学教育,重新组织知识架构,令其和日常生活更贴近,让文化更好地为人们服务。

"人生学校"出版的图书都与人们日常生活中的重要问题直接相关,并相信最为棘手的问题皆因缺乏自我觉知、同理心和有效沟通而起。本次首批引进的 11 册,聚焦于情感议题,从如何寻找一个合适的伴侣,到如何长久地经营一段亲密关系,给出了全方位的建议。

扫 码 关 注

我们提供知识 以应对变化的世界

人生学校·The School of Life

如何面对爱情里的失望

［英］阿兰·德波顿 / 主编
［英］人生学校 / 著　　杨莎 / 译

中信出版集团｜北京

(The Sorrows of Love) ♡

By

The School of Life

目录

引言 / 001

一、爱情中的苦与难 / 007

1. 失去理智,沦为怪物 / 009
2. 他们不复当初模样 / 015
3. 所托非人 / 019
4. 没找对象就好了 / 023
5. 洗不完的脏衣服 / 026
6. 爱情本应更加美好 / 032
7. 难以对伴侣毫无保留 / 039
8. 在关系中感到孤独 / 042
9. 不尽理想的鱼水之欢 / 045
10. 爱情太难了 / 050

二、最终决断:留下还是离开? / 053

引言

"为了不去责怪爱情本身,
我们对爱人百般责难。"

人们常期许爱情能成为至乐之源。然而，在现实生活中，爱情却频频将人们推入无尽的痛苦深渊。在恋爱关系中所承受的苦楚，鲜有其他事物能够比拟。以旁观者的视角来看，爱情有时不过是台绝望制造机。

我们应当学着去理解自己的悲伤。"理解"虽不能神奇地化解问题，但能让我们更加深刻地审视问题，减轻我们的孤独感和被迫害感，帮助我们接受某些悲伤在所难免的事实。

本书的主旨在于帮助读者培养一种情感技能——"浪漫现实主义"。它可以被定义为一种正确的认知，即认识到什么是对爱情的合理期许,以及人类为何会在生命中的大部分时间里对爱情感到失望,同时这种失望并非出于某些恶劣的或个人的原因。

问题的根源在于,尽管客观数据赤裸裸地昭示着真相,但人类对爱情的期许始终乐观到近乎盲目。似乎没有任何信息能够动摇我们对爱情的信仰。离婚案例数不胜数,而这一切似乎都事不关己。

情感问题无处不在,我们却总能视而不见,忽略关于爱情的负面信息。尽管感情大概率会失败和人尽孤独的证据触目惊心,人们还是对特定的关系寄予厚望——即便未曾在真实生活中见证过完美的结合。

理想的伴侣关系可望而不可即。人类对理想化的关系心怀憧憬、深信不疑,哪怕个人经验并不能证明其存在。这种坚不可摧的信念源于一种高屋建瓴的想象——与另一个人在同一屋檐下的美好场景。

然而,层出不穷的难题自婚礼举办之际就悄然登场了。在一个比现实更为理想化的世界里,我们的结婚誓

引言

言从一开始就会为未来的婚姻生活定下基调。

婚礼,标志着两个极其不完美的个体要许诺在接下来的漫长时光中,共同忍受接踵而至的艰难困苦,直至生命终结。这是一份誓约,双方承诺再怎么痛苦,也不会任性地互相指责。

因为这场婚礼而齐聚一堂的亲友们深谙自己在感情关系中经历的困苦。他们一边钦佩这对新人的勇气,一边默默地祝他们好运。他们担忧(并且确信)未来等待两人的,将是一段坎坷甚至堪称具有毁灭性的旅程。

幸福感在很大程度上取决于一件事:我们能否以平常心去面对那些无法回避的人生难题。社会从未对爱情的问题进行常态化且真诚的探讨和剖析,因此,在爱情中跌跌撞撞的人总以为自己是不幸的异类。

受挫的人总是深感痛苦且备受煎熬。每当在感情中受挫,我们就觉得是自己的伴侣不可理喻——因为悲伤必有其特定责任者。我们自然而然地归咎于伴侣,却回避了一个更为真实的原因——经营爱情本就是个极具挑战的千古难题。

在错误的认知下，我们可能会过早地结束一段关系，而非调整自己对恋爱关系的整体看法。我们选择将希望寄托到新伴侣身上，期待下一个人不会给自己带来同样的烦恼。为了不去责怪爱情本身，我们对爱人百般责难。然而，难以捉摸的爱情本身才是难题的根源。

更明智的做法是接纳浪漫现实主义的观点，承认爱情本就道阻且长。我们遇到的问题并非某种偶发的特殊情况，而是出于人类难以逾越的结构性因素。

浪漫现实主义并没有站在爱情的对立面，它只是代表着一种明智的态度，能够有效促进感情关系的长期存续与繁荣。

只有理解了爱情的真谛，我们方能领悟：爱苦情难乃人生常态，谁也不能免俗。这会是一个令人欣慰的重大进步，本书希望能够加快这一认知进程。

一、爱情中的苦与难

"失去理智,沦为怪物。"

1.
失去理智，沦为怪物

在理想的浪漫主义认知里，人们对待伴侣，会比对待世界上其他任何人更加温柔体贴。我们认定对方，因为我们对他们的爱独一无二，也就自然希望在这段关系中展现自己最善良和最美好的一面。我们对伴侣的态度会比对任何朋友都要好。我们虽然喜欢后者，但深爱前者。

然而，现实往往与理想背道而驰，令人唏嘘。不出意外的话，人一谈恋爱就会失去理智，沦为"怪物"。浪漫现实主义揭示了一个真相：我们对待伴侣的态度，往往比对地球上任何一个生物都要差得多。

这种现象背后的原因何在？首先是赌注太大——我们为爱押上了自己的整个人生。朋友只需要与我们共度某个愉快的傍晚，共同面对的任务仅仅是选一家还不错的餐厅。但如果不出意外，伴侣会深度参与我们生活中最重大、最复杂的事务：我们要求对方成为自己的爱人、生死之交、知己、护工、财务顾问、司机、教育合伙人、社交伴侣，还有性伴侣。

伴侣要与我们组建家庭，一起抚养子女、管理财务、照顾年迈的父母，成为彼此事业的坚实后盾，共度美好假日，探索性生活——这份职责清单太过冗长，要求也太过苛刻。不难想象，一般的就业市场上根本没有求职者能满足所有条件，只是满足其中一小部分都很难。

一个理想的伴侣得承担治疗师、私人助理、教师、东道主、厨师、护工及陪伴者等多重职能，因此，向一个我们真切希望其幸福的人求婚，堪称一种近似残忍的邀约。

一、爱情中的苦与难

此外，长期关系的维系有个基本前提：遇到问题时，不能轻易地抛弃伴侣，仓皇逃离。面对挫折时，如果我们能在不承担太多责任的前提下躲开，挫折就会容易忍受得多。但对于长期爱情关系而言，某些负面刺激可能会持续作乱，要求我们不得不忍上数十年。

当我们惊觉一些微不足道的琐碎问题会成为我们人生主旋律中永远的杂音时，这些问题就可能被无限放大，引发难以言喻的焦虑感。比如，乱丢在地上的毛巾、支支吾吾的回答和吃饭时发出的噪声。

在家庭争吵中，让焦虑感水涨船高的是一个简单而爆炸性的念头：伴侣的错误不仅仅在于做了我们不认可的小事，真正糟糕的是，他们毁了我们的整个人生。

我们与朋友相处时，从来不会沦为怪物，这是因为朋友能造成的伤害有限。我们一个月只需要跟好友共处几个小时。就算在意好友也不至于跟他们甜言蜜语。正是因为对一个人过分上心，我们才会忍不住大喊大叫、摔门而去，甚至骂对方是个傻子。

让我们在爱情中沦为怪物的原因还有：我们在情绪激动时，无法平静地把问题说清楚。失去冷静的我们会开始尖叫，变得郁郁寡欢，变得刻薄。在理想情况下，我们应当向伴侣清晰描述自己的感受，并准确传达所思所想。只是这种沟通需要保持一定程度的冷静甚至淡漠，在深陷于"伴侣毁了我的人生"这种恐慌中时，我们哪里还顾得上理智沟通。我们面对难题时焦虑无比，不知如何找到解决之道。

之所以沦为怪物，还因为我们总抱着一种不切实际的想法：自己是个特别容易相处的人。这种错觉让我们自我感觉良好，因而我们从未提醒伴侣我们有着难以相处的一面，也很少及时为自己造成的伤害道歉。

我们坚信自己完全正常，因为在单身状态下，人很难察觉自己潜在的疯狂。由于没有他人关注，我们几乎不会在独处时愤怒地大喊大叫——因此，我们往往忽视了自己真实的愤怒程度，注意不到内心潜伏着一头咆哮的困兽。我们也很难意识到，自己痴迷于工作，是试图以此获得对生活的掌控感，因为没有人会催我们回家吃饭——如果有人试图干预，恐怕会惹祸上身。

只有在亲密而长久的关系中，重重的问题才会暴露出来，并与另一个人的需求和期许发生冲突。在这种情况下，归咎于伴侣似乎变得理所当然。每个人都坚信，只要找到了合适的另一半，自己就是一个讲理且靠谱的人。

令人忧心的是，我们之所以会苛责伴侣，一个原因就是我们认为他们足够"安全"，可以任由我们发泄情绪。如果如此失控地对待朋友，他们很快就会找理由不再与我们见面。

我们总是暗自对伴侣心怀自信，无论自己怎样任性胡来，他们都会不离不弃。伴侣的忠诚，使他们成为我们释放痛苦和绝望情绪的安全港湾。爱情赋予人一种奇特的安全感，让我们敢于向伴侣展示最真实的自我。然而，从明智和善良的角度考虑，这种"特权"最好永远不要完全交付给任何人。

为了避免陷入自负和愤怒的泥沼，我们应当认识到，情感问题产生的根本原因，并非自己选择共度余生的对象太过无能，而是我们本就在试图完成一项不可能完成的艰巨任务。我们应当认清事实，把问题归咎于任务本身，而不是自己无辜的伴侣。

我们也不应对自己的性格盲目自信。事实上，每个人都有难以相处的一面，只是未曾有人对我们进行深入的探索或对我们坦言而已。

对于我们的问题，朋友们不愿深究，前任急于逃离，父母通常视而不见。这无法说明我们是道德楷模。在深度接触的情况下，每个人都会或多或少地给他人带来不快。

可喜可贺的是，爱情从不需要完美。我们只需要在对方遭受过多来自我们的伤害之前，及时、谦逊地承认自己的不完美。人非圣贤，孰能无过。愚蠢和不友好才是人类的常态。只是，这种不良行为并非出于某种异常，而是人类这一物种的自然表现。

2.
他们不复当初模样

爱情往往始于一见钟情,始于所谓"一眼定终身"的宿命感。

"怦然心动"已成为现代社会对爱情的核心阐释——看似是爱情银河中一颗微不足道的小行星,却是浪漫主义观念所环绕的隐秘太阳。"怦然心动"以其纯粹而完美的形式,诠释了浪漫主义认知的根本动力:有限的了解、外在的探索障碍,以及无限的希望之间激烈的化学反应。

如果不善于从一个人的细节中推测其全部,便很难产生怦然心动的感觉。通过一些"蛛丝马迹",比如深邃的眼神、英俊的额头、幽默的只言片语，我们能迅速产生一种强烈的与对方的联结感，甚至展开对两人幸福未来的美好遐想。这种幸福基于深刻的共情与理解。人们常常能在转瞬之间，产生与另一个人厮守终生的笃定感。

不管是哪种人际关系，操之过急总要付出沉重的代价。毕竟，每个人都是优点和缺点交织的复杂混合体。初期激情澎湃的背后，是我们对一个人性事实的忽视：每个人的性格在被完全了解后都会暴露出某些根本性的缺陷。

现实生活扭曲了人的本性，无人能尽善尽美。我们不够有勇气，很难未雨绸缪，缺乏自信与智慧。我们没有见识过毫无瑕疵的人生楷模，成长经历也不够完美；我们总是忍不住争执而不愿解释；我们喋喋不休而不愿尝试有效沟通；我们耽于焦虑而不愿分析为何焦虑；我们的安全感脆弱得不堪一击；我们既不能完全了解自己，也难以充分理解他人；我们缺乏对真相的探索欲，同时对糖衣炮弹难以抗拒。这个危机四伏的真实世界不可能孕育出完美无瑕的圣人。

谁都难逃恐惧与脆弱的支配，这两种负面情绪总是以千变万化的形式展现出来。这些特质使我们或过度戒备，或咄咄逼人；或刚愎自用，或优柔寡断；或过分依赖，或高度回避。这些不幸的倾向使我们每一个人都显得不够完美，甚至有时难以相处。

每个人都可能让我们沮丧、愤怒、烦恼、抓狂和失望，我们同样会给他人带来这些负面体验。人的空虚感和残缺感永无止境，这是人生剧本中不可磨灭的真相。选择与谁共度一生，实际上是选择一种我们能够承受的痛苦，而非选择一种能够彻底逃离悲伤的奇迹。

我们应当珍视那些怦然心动的瞬间：火车上邂逅的那个人，眼神流露出一种迷人的自嘲；水果区偶遇的那个人，看起来能成为温柔而杰出的父母、挚友和伴侣。但不容忽视也不可避免的是，如果我们开始真正了解并爱上这些看似精彩的人，他们势必会在某些关键方面令我们遭受挫败。

浪漫现实主义认为，一个人不该成为另一个人的全部。一旦接纳了这一点，便能灵活、温柔而满怀善意地真正接纳另一个有缺陷的个体并与对方生死与共——永远不会因其不完美而感到遭受背叛或产生愤慨，会为我们自己的缺陷诚挚、及时且不厌其烦地道歉。

开始一段恋情后，如果曾经的天使不复当初模样，我们绝不能因此而责备对方。问题的根源在于，我们在未经确认的情况下擅自设想了伴侣理想的样子。实际上，他们并没有变差，而是始终都有棘手的一面，正如每个凡夫俗子一样。如果认知水平足够高，我们就该明白，那些坠入爱河的人只是短暂地迷失了神智，而不是洞察了他人的深层特质，因此要谨慎评估他们的意见。

我们心中了不起的存在，通常是那些隔着层纱的陌生人。然而，接受每个人都有可能令人生厌的事实，并非放弃一段关系的理由。这仅仅是一个标志，表明我们终于开始真正理解人性。

3.
所托非人

当困难来临时,我们常常会被一个强烈甚至极具毁灭性的念头纠缠:自己选错了人。

当然,我们无须竭力说服自己没选错人。我们要坦然接纳自己当初如此抉择的事实,对此持包容和理解的态度。同时,我们应当承认,我们犯错并非偶然。我们犯了一个错误,因为我们非常孤独。

我们在选择伴侣时,并不是像挑选冰箱或计算机那样冷静筛选,而是在迫切需求的驱使下,像抓住救命稻草一样选择了当下所能找到的人。

我们需要彻底接受孑然一身的可能性,才能以从容且挑剔的心态做出明智的选择。然而,大多数人对单身状态的反感超越了对伴侣的爱意——只要有个人能让自己不再孤独就够了。

当然,我们也不必为此感到自责。一旦到了某个年纪,社会对单身人群的否定会使单身生活举步维艰。单身者的社交活动会日益减少,已婚夫妇因他们过于独来独往而不愿频繁相邀。单身生活逐渐演变成一场噩梦。而且,当性行为被限制在婚姻契约内时,人们往往会因自欺欺人的理由而仓促成婚——他们渴望获得社会上某种被人为限制的东西。如果人们在做决定时,不再仅仅是为了满足自己对性的渴望,自然能更自由地做出明智的选择。

现阶段,在某种意义上,我们或许已经解决了性的问题。然而,在备受压力的单身状态中,我们仍未找到更合理的方式去遵循自己内心的声音,寻觅心意相通的伴侣,从而避免缔结不幸的婚姻。

心理层面的原因也在暗中作祟,诱导我们做出错误的选择：人会下意识地被错误的对象吸引。每个人都坚信自己在爱情中追寻的是幸福，而实际上，人们真正索取的往往是一种熟悉感——这可能会使通往幸福的道路变得更加崎岖。

我们渴望在成年人的关系中重温童年时的熟悉感。儿时，我们首次接触到爱，并逐渐理解个中深义。不幸的是，"爱"这堂课不简单，而且难得离谱。

孩子理解的爱，可能与很多不愉快的情感交织在一起，比如被控制、被羞辱、被遗弃、缺乏沟通，一言以蔽之，伴随着种种痛苦。成年后，当我们好不容易邂逅了理想的潜在对象，有望步入一段健康的关系，却总是鬼使神差地将机会拒之门外。不是他们哪里不好，而是他们过于理想（太过成熟、太过善解人意、太过可靠）——这种"正确性"如此陌生，甚至让我们感到压抑。于是，懵懂的我们指责这些人"无聊"或"不性感"，转而寻找那些潜意识中会以熟悉的方式让我们难过的人。

我们之所以会犯错，是因为没有将被爱与满足感真正联系到一起。

我们并不是完全自由地选择了自己的伴侣——如果领会了这一点，我们就能有效减少对伴侣的迁怒。人类不仅仅是因为愚蠢才在寻觅另一半的路上跟跟跄跄，还因为受制于择偶困境和扭曲的性格。

但大可放心，与"错误"的伴侣相守，对每个人来说都意义深远。这也是人为了缔结一段感情关系必须付出的代价。

4.
没找对象就好了

有种思绪如影随形,令我们烦躁不安、痛苦不堪——如果自己仍然单身,一定会更快乐、更自在。生活中的不如意常使我们追溯往昔,缅怀那些孤独却美好的旧时光。

我们怀念能够随心所欲起床的日子,怀念不必担心东西放在哪里的自由,怀念无人旁观时自己那些无伤大雅的小毛病,怀念不必为自己奇异的饮食习惯辩解的轻松,怀念可以不向任何人报备就出门的洒脱,怀念可以工作至半夜两点而不被指责为强迫症患者或冷漠无情的安心感。尽管偶尔会感到寂寞,但我们总能对未来怀有美好的憧憬。与现在相比,那时的生活是那样令人心满意足。

然而,记忆是个极不可靠且武断专横的工具——这非同小可,因为我们的记忆对当前的生活影响深远。我们总能巧妙地美化曾经单身的日子,使婚后生活黯然失色。

如果在与伴侣相识相知前,有位才华横溢的电影制片人为我们拍摄了一部细致入微的单身生活纪录片,或许我们那些过河拆桥的想法就能稍作收敛。

镜头可能会捕捉到种种寂寥的画面。严冬袭来,在某个周日的下午五点半,我们如此落寞。太阳西沉后,我们心下了然:直到周一早晨回到工位,自己都将孤单一人。在某场热闹的聚会上,我们企盼的眼神穿过人群射向房间的另一端,看向心仪对象的亲切面容,却难以鼓起勇气上前搭话;我们百无聊赖地窝在父母家,眼看时间一分一秒地过去,难以控制地越发暴躁;我们独自面对着坏掉的冰箱或半夜因剧痛而惊醒。种种无助和挣扎的孤独感被"单身导演"展现得淋漓尽致。

在与伴侣进行痛苦而激烈的争吵后,我们应当定期观看这部往昔纪录片。它是赤裸裸的铁证,证明单身状态远非理想,人类的记忆总是选择性地忽视真相。

那时,我们便会明白,即使处于亲密关系中的我们不时黯然神伤,单身的我们也同样难逃悲伤。如此一来,我们自然能以更加优雅的姿态和自嘲的幽默感去接纳一种真实状态——圆满无缺,何以谓之生活?

5.
洗不完的脏衣服

放眼瑰丽的西方文学史,没有哪位浪漫主义的男主人公或女主人公曾亲自熨烫过自己的内裤。这看似微不足道的细节揭露了一个至关重要的真相:我们对爱情的理解,常常源于一种本质上不完整且具有误导性的社会叙事。

浪漫文化总是对家务难题视而不见。"家务"一词涵盖了同居生活所面对的实际问题,涉及一系列琐碎却不容忽视的方面,包括但不限于周末去拜访谁、什么时候倒垃圾、谁来清洁烤箱,以及多久邀请朋友来家中聚餐一次。

从浪漫主义的视角来看,这些日常事务似乎不足挂齿,也不值得智者关注。浪漫主义人际关系的成败往往围绕一些宏大且戏剧性的议题展开——忠诚与背叛的抉择,挑战社会规范的勇气,传统压迫下的悲哀。相比之下,日常家务的琐碎显得那么平淡无奇。

由于这种忽视,人们在建立一段关系时,很难意识到家务问题会成为日后需要关注的重点,因此未能给予其应有的重视。怎料想,如何清洁厨房地板、举办一场鸡尾酒会是时尚之举还是矫揉造作,这些鸡毛蒜皮的事会对感情关系产生重大的影响。

当某个问题被普遍看得很重要时,我们会投入大量的时间和精力去郑重对待。通常情况下,只有重大科学问题才能获得如此关注。例如,众所周知,绘制人类基因组图谱的难度极大,潜在益处不可小觑;人人都认为,开发商业化的无人驾驶汽车是个极其复杂的难题,值得耗尽心血。这种尊重和敬畏带来了意想不到同时至关重要的结果:我们深知眼前工作的难度,所以在面对挑战时不会惊慌失措,能在处理问题时沉着冷静。然而,面对那些看似琐碎、愚蠢的问题才是生活的常态,这使我们陷入高度焦虑的状态。

浪漫主义对家务活的忽视,在不经意间加剧了这种焦虑感。这可能导致伴侣之间因为室温问题产生争执,或因观看哪档电视节目针锋相对。经年累月,种种琐碎的烦恼可能会严重削弱一个人爱的能力。

当我们没有为冲突做好充分准备时,就很容易在遇到困难时陷入极端:或喋喋不休,或逃避现实。

爱唠叨的人从不合理表达自己的诉求,而是执拗地通过催促、诱导和强迫去改变对方。由于固执地认为某个话题根本不值得深究,他们从不解释和自证。

逃避者则选择兵来将挡,水来土掩。面对伴侣的雷霆之怒,他们一味回避,拒绝透露自己的所思所想。他们只是默不作声地走上楼,然后冷漠地关上门。

这场没有硝烟的战争杀敌一千,自损八百。即便如此,也无法阻止分歧的出现。

不过,如果我们承认共享空间和接纳不同的生活方式困难重重,但弥足珍贵、值得付出,便能以一种截然不同的姿态去直面冲突。

的确,我们或许仍然需要争论谁该倒垃圾、谁该盖更多被子,以及该收看哪个频道的电视节目,但争执的性质会悄然改变。我们将不再急不可耐,暴躁无礼;我们将不再满腹牢骚,逃避问题。我们会勇敢地直面分歧,并与伴侣耐心探讨彼此的问题。

或许可以说,两人的关系之所以充满摩擦,部分原因在于社会对"尊严感"分配的失衡。那些不得不处理生活"实务"的一方,很可能会心生不满,觉得是自己的生活出了问题,才不得不频繁处理这些被社会轻视的、缺乏光环的琐事。然而,这些琐事才是爱情真正的浪漫之处,因为它们有助于维护和促进感情。

实际上,这些琐碎事务的处理应被解读为感情关系顺遂的基石,并被赋予当今社会其他活动(如登山或赛车)享有的同等尊重。实际上,我们并不是反对处理琐事，而是反对一直处理那些被认为"不够体面"的琐事。

在历史上的某些时期，艺术家们试图调整社会对不同活动的重视程度。17世纪的荷兰画家皮特尔·德·胡格擅长描绘显赫且富有意趣的人从事家务劳动的场景。他通过画作展示了家务劳动与美好生活的关联，并传达了这些工作既不有辱人格，也非无足轻重的观念。德·胡格认为，整理亚麻衣橱的价值并不逊色于审查一家大公司的账目，或确保一堵承重墙足够坚固，能支撑阁楼的重量。

热衷家务并非爱情消逝的征兆；相反，这正是爱情取得辉煌胜利后的自然延伸。只有当我们无怨无悔地接受熨烫衣物所带来的尊严感时，我们才能真正实现与爱情的和解。

一、爱情中的苦与难

《在亚麻衣橱旁》，1663 年，皮特尔·德·胡格
阿姆斯特丹，荷兰国家博物馆藏品编号 SK-C-1191
这幅画描绘了日常家庭生活的细节，赋予了其尊严和重要性。

图片来源：荷兰国家博物馆

6.
爱情本应更加美好

  另一半明明没什么大错,我们对这段关系的失望感却与日俱增:他们似乎不如我们所期望的那样关注我们;他们常常难以真正地理解我们;他们似乎总是忙于自身事务,对这段关系心不在焉;他们时而冷淡,时而敷衍;他们对我们生活的点滴不甚关心;他们宁愿与朋友通电话也不愿与我们谈天说地。我们不禁感到幻灭与失落,因为爱情本该那么美好。尽管没有大难来临,但日复一日爱情生活依然很难达到我们的期许。

  这种悲伤源于一个事实:我们此时黯然神伤,是因为我们曾经是那么幸运。换言之,悲伤是"幸运"生根发芽后结下的苦果。要理解这一看似矛盾的现象,便要深入探究爱情的起源。

我们对美好爱情的想象,并非源于成年后的细致观察,而是源于某个更遥远且深刻的起点。人对幸福的伴侣关系的向往与童年时期体验到的美好感觉如出一辙:令人惬意的深度安全感、无需言传的默契交流,以及理解彼此需求的心有灵犀。

许多备受世人喜爱的画作都展示了这样一种画面:一位母亲温柔地抱着孩子,脸上流露出无私且深沉的爱意。从表面上看,这些画作描绘的是与众不同的孩子与至圣至善的母亲,但宗教背景并非其引人入胜的关键。

观者之所以深受感动,是因为画的内容让我们想起了童年经历中最美好的瞬间,让我们不知不觉间重温了那感人至深、难以重来的美好时光。画作映入眼帘的刹那,我们会自然而然地被带回那段愉快的记忆,想起被母亲悉心照料的儿时岁月。

在理想的童年中(如果一切顺利的话),慈爱的父母会给予孩子无与伦比的满足感。即便婴儿口不能言，父母也能一眼洞悉孩子的需求，知晓其何时饥饿或疲倦。我们不费吹灰之力，就能在父母的庇护下感受到绝对的安全。我们被父母平和地抱在怀里，被逗得咯咯笑，恣意享受着万千宠溺。即便记不清具体细节，那曾被珍爱的经历早就在我们心间刻下了难以磨灭的印记，这种根深蒂固的记忆会逐渐演变成我们对理想的爱情模板。

成年后，我们依旧执迷不悟地沉溺在这种被理想化的爱意中，不断将童年的美好体验投射到现实的感情关系中，却发现现实中的爱情远不能满足多年来的期望。殊不知，这种对比本身就大错特错，甚至毫无公平可言。

我们从父母那里得到的爱，不可能直接转化为成年后真实爱情体验的原型。根本原因在于，彼时的我们尚处襁褓，如今的我们已然成人。这种身份的巨变带来几种关键的差异。

一、爱情中的苦与难

《圣母子与天使》，1475/1485 年，桑德罗·波提切利
芝加哥，芝加哥艺术学院
我们对完美爱情的理想印象往往源于父母的无私与温柔，
但这种理想很难直接适用于成年人之间的关系。

图片来源：古典画／阿拉米图片库

首先,婴儿的需求远比成年人单纯得多。

父母只需要为孩子洗澡、逗孩子开心、哄孩子睡觉。那时的我们从不指望另一个人绞尽脑汁地在我们复杂的思想迷宫中进行地毯式搜罗。那时的我们并不需要父母去理解我们为什么偏爱某部电视剧的第一季而非第二季,为什么必须在每个星期天去拜访阿姨,为什么对窗帘和沙发套的颜色搭配异常执着,为什么必须用那把称心如意的刀去切面包。

父母精准地知晓如何满足孩子最基本的身体和情感需求,相比之下,伴侣则要经历艰难的摸索。我们的伴侣面对的需求不再一目了然,不仅极难琢磨,还极难满足。

其次,相比于两个成年人之间的关系,父母与孩子之间的关系并不对等。

父母全心全意地照料孩子,完全理解并接受孩子无法以同样的方式回应自己的需求。他们从未奢望可以向我们诉说烦恼,从未期待我们可以给予他们滋养。父母不需要我们关心他们的日常生活。

我们的存在本身就能令父母心满意足。我们最基本的行为——滚来滚去,用小手抓起一块饼干——便足以令父母喜出望外。我们被爱着,却不必付出爱。爱与被爱截然不同,只是语言巧妙地模糊了界限,让我们很难察觉爱的受益者与供养者之间的差异——前者受尽宠爱,后者疲惫不堪。

最后,父母足够体贴,会默默承受照顾我们所带来的负担,不让我们察觉。

父母保持着积极阳光的面貌,在操劳了一整天后回到卧室,看见酣然入睡的我们,觉得见证了自己努力的意义。父母从不吹嘘自己为照顾孩子所付出的代价。

这份恩情难能可贵,却给我们留下了长期隐患:在无形中营造出一种过高的期望,让我们觉得他人也该以如此无私的方式爱我们。这显然不切实际。

在未来的人生长河中,我们可能会遇到各种各样的恋人:有的情绪暴躁,有的由于工作太累而疏于与我们交流，有的对我们的一举一动漠不关心，有的甚至懒得听我们讲了些什么。我们会苦涩地察觉，这与自己从父母那里得到的爱有着云泥之别。讽刺的是，细细想来，这可能正是所有父母的真实面貌——只不过，只有在年幼的我们睡得正酣时，他们才会在自己的卧室里展现出来。

因此，我们今日的悲伤，并非由伴侣个人的缺陷所致。他们既不是无能得可悲，也并非自私得别具一格。这只是因为，我们擅自用童年得到的爱去评估成年人之间的爱，而两者本就大相径庭。我们感到悲伤，并不是因为找错了伴侣，而是因为我们（不幸地）长大成人了。

7.
难以对伴侣毫无保留

许多人在恋爱初期,会盲目地产生一种美妙的错觉:自己可以向伴侣袒露一切。

我们幻想着有朝一日,能够摒弃往日的虚伪,向命中注定的那个人坦白许多深藏在心底的秘密:我们那些未曾向朋友吐露的真实想法,我们对同事伤人言论的不满,我们对鲜少提及的性生活的兴趣。爱情似乎应当建立在对彼此毫无保留的基础之上。

但随着时间的推移,我们幡然醒悟,并非所有事都适合与伴侣分享,比如,伴侣撰写的关于客户服务经验的博客乏善可陈;伴侣最爱的深绿色围巾在我们看来丑得离谱；与伴侣关系最好的校友（在我们看来）愚蠢又无趣；伴侣父母的结婚照（爱意满满地摆在客厅的银色相框里）中，伴侣的母亲看起来沾沾自喜、俗不可耐。

爱情始于希望——希望有朝一日能向某人袒露自己的一切。坦诚所带来的释然感是爱情的核心要素。但是，这种分享秘密的做法在我们的心中以及我们的集体文化中，树立了一种潜藏问题的观念：若两人真正相爱，就应当对彼此绝对坦诚。

诚实是一种崇高的理想。它揭示了两个人如何深入共处的愿景，在关系初期常常容易实现。然而，既为了维系善意，也为了滋养爱情，我们最终可能会选择将许多想法深埋心底。

心存秘密似乎是对感情关系的背叛，但赤裸裸的真相可能更会将关系推向危险的边缘。即使是真正对我们怀有好感的人，也可能无法接受我们的某种真实认知或感受。我们往往需要在知无不言和有所保留之间做出抉择，于情于理，后者通常才是正解。

一、爱情中的苦与难

人往往坚信有秘密是种错误,而忽略了一个事实:忠诚不代表必须坦白所有想法。

我们太注重诚实,而忘记了礼貌的美德。这里的"礼貌"不是指为了不伤害他人而狡猾地隐瞒关键信息,而是避免将我们本性中真实却伤人的一面展现给他人。

将自我完全袒露给另一个人,并非真正的善举。压抑、适度克制,以及精心组织语言,都属于爱的表现形式。那些无法容忍秘密,借"诚实"之名出口伤人、令对方痛苦不堪的人,不过是打着真爱的幌子在横行霸道。

正如父母不该向孩子透露成人世界的所有真相一样,我们也应该在表达时组织好语言,心怀善意,并理解个中真理。

8.
在关系中感到孤独

处于恋爱关系中的人,往往难以承认自己会感到孤独。

在大众的认知中,无论身处何种境地,有伴侣的体面人都不该感到孤独。然而事实上,对于敏感而聪慧的人类来说,深刻的孤独感是生命旋律中不可规避的存在。

无论处于哪种关系状态,孤独感都是人类这种复杂存在的内在属性。另一个人不可能拥有与我们一模一样的关键经历,也就不可能真正理解和同情我们的处境。

再志同道合的伴侣,也无法在同一时刻与我们完全达成共鸣。两人携手走出电影院后,未必能产生一致的观后感;在仰望星空之际,一个人可能希望对方诉说美好的情话,另一个人却可能正忆起家庭生活中某个令人痛苦且无聊的细节。这令人遗憾,也令人唏嘘。

被深刻理解所带来的满足感是极为强烈的,然而,许多其他因素同样会促使我们步入一段关系:或是伴侣潇洒多金、魅力十足,或是伴侣安排的周末活动总是那么充满惊喜,或是伴侣身上散发着令人安心的松弛感。我们可能因为很多合理的缘由倾心于伴侣,而不仅仅因为他们能与我们一起认真探寻灵魂深处的烦恼。

每个人都必须孤独地面对死亡,这意味着许多痛苦只能由个体独自承受。每个人都如苍茫大海中的一叶孤舟,难免会经历被浪涛吞没的灰暗时刻——旁观者就算心怀善意,也只能站在岸边为我们挥手鼓劲。

随着我们变得更加智慧、富有洞察力,这种矛盾会越发鲜明。茫茫人海中,与我们相似的人会越来越少。这并非浪漫主义独有的迷思。孤独确实是人为了弥补某种复杂心理而必须付出的代价。换句话说,无论他人多么好心,有些形而上的孤独都无法被消解。这听起来冠冕堂皇,却是不可否认的事实。

德国作家歌德好友遍天下。他的友人多风趣、体面,且酷爱社交。然而,歌德在弥留之际依然苦涩地说:"从没有人真正理解过我,我也从未完全理解过任何人;没有哪个人真正理解过他人。"他想表达的是,人与人的灵魂之间存在着不可逾越的鸿沟,孤独是任何人都无法逃避的常态。

9.
不尽理想的鱼水之欢

现代人对恋爱关系抱有三重期望：拥有美好的性生活，能与所爱之人行极乐之事，在有生之年可以维持这种巅峰状态。

这种期望并不罕见。古往今来，人总是渴望拥有美好的性生活，希望爱上一个特别的人，同时期盼这种关系绵延不绝。然而，现代社会面临一个独特且深刻的问题：我们坚信一段亲密关系应该且能够同时满足上述三大要素。这种期望正是浪漫主义爱情理念特有的野心，也是造成人类痛苦的愚蠢根源。

相较之下，前人就显得明智许多，他们认为这三大要素不可能同时得到满足。例如，我们可以和心爱之人享受一段短暂却美好的两性关系，但是这段隐秘的浪漫情节可能只能镌刻在我们十八岁夏日的几周时间里；或是我们能够找到一位伴侣，享受长期而规律的美好性生活，但此人并非我们真心所爱；或是我们与倾慕之人步入婚姻殿堂，但孩子呱呱坠地后，性生活就戛然而止。换句话说，前人直接但善意地要求我们从三种痛苦中选择一种勉强能接受的。

- *短暂却满怀爱意的激烈两性关系。*
- *性生活持久，但缺乏真正的爱情。*
- *是真爱，但缺乏激情四射的性生活。*

在当今时代，许多夫妻都发现性生活与持久的爱情可谓水火不容，且这一认知常常带给人强烈的愧疚感和孤独感。实际上，有许多完全可以理解且不可避免的原因，导致了爱情与性生活难以长期并存。

一、爱情中的苦与难

尽管浪漫主义描绘了一种理想状态,但维持爱意的因素与维持两性生活魅力的因素在许多方面都存在本质上的对立。

在一段亲密关系中,我们必须时刻坚守自己的立场,不能任由对方摆布。无论是在金钱支出、假期安排、孩子接送等问题还是家居装饰的选择上,我们都必须明确自己的态度。

然而,令人满意的性生活需要一种妥协和袒露脆弱的心态:我们可能需要向伴侣透露一些私密的性幻想,或要求他们参与某种可能会引起尴尬的行为。感情关系中存在的微小怨恨和冲突,或许会使我们不愿意为对方提供他们所寻求的快乐。也有可能,我们觉得美好的性爱过于堕落和放荡,与抚养孩子的责任感相违背:当有一个小生命如此依赖自己时,追求性生活似乎显得相当自私。

更为奇特的是,我们最初都是在童年时期,从那些我们绝对不会与之发生性关系的人那里了解到什么是爱。在深层潜意识中,被爱和性爱几乎是从根本上对立的。

孩提时代的我们会抱住父母的腿、钻进他们的被窝或抚摸他们头发，这些感觉是如此美好。然而，这些亲密行为绝对与性无关，不掺杂任何情欲。

在这个关键的成长阶段，孩子学到了人生中的必修课，而这会对其成年生活产生深远影响。

我们爱的人和那些我们可以无拘无束地与其发生性关系的人有所不同。成年恋人对彼此越温柔，就越能唤起两人童年感知过的那种忠诚与温馨，也就越难想象会与对方发生性关系。难怪一段时间过后，一些夫妻会发现，尽管他们每天早晨面对面地享用早餐，却更容易想象与另一个人发生激情四射的性关系。

或许性和爱真的可以被视为截然不同的存在，它们之间的联系堪称偶然，也并不重要。然而，这种看似明智的开放态度却忽略了完全占有至爱之人的美好，以及当我们无法对伴侣提出完全占有的要求时的不安。大多数人的内心深处都藏着不愿承认的占有欲。仔细想想，在一场狂欢派对上，若心爱的伴侣对我们眨眨眼，跟着陌生人走进一间卧室,消失在柔和的灯光尽头,这未免令人难以忍受。

考虑到这些弊端,我们可能会自我安慰:永远保持忠诚才是那个足够体面的答案。当两性盛事变得单调而乏味时,我们可以在卧室点上香薰蜡烛,或在乡村酒店安排一次周末的浪漫假期。这一美好的愿景展现了一种感性且理想化的故事,即便细节有所不同。

作为忠诚的伴侣,我们能规避嫉妒和被遗弃的恐惧,但如果我们在一些时刻感到怅然若失,也是非常正常的。

归根结底,如果所谓的"答案"意味着一个完全无痛的解决方案,那么世界上根本没有正确答案。我们很难同时拥有爱情、美好的性生活和长相厮守。

解法只有一种,叫作"忧郁立场",它直面了一个令人难过到几近落泪的真相:在关键的人生问题上,我们往往找不到完美的解决方案。

性生活永远不可能让我们完全逃离悲伤,它只能迫使我们学会接受悲伤中比较容易承受的部分。

10.
爱情太难了

在感情生活遭遇棘手问题时,我们常常会抱怨爱情"太难了"。或许是因为我们为家庭琐事经历了无数次争吵,或许是因为我们已经很久没有体验到无拘无束的畅快与开怀。这些难以克服的困难不仅会令人痛苦不堪,还会让人觉得不对劲,仿佛爱情背离了它应有的模样。我们甚至会开始怀疑,这段关系本身就个错误。

浪漫主义爱情观使人深陷误区,让人认为"人们不必为爱情付出努力,爱只是一种感觉,而非一项技能"。这也最终指向了一个错误的假设:只要顺应自己的心意,感情关系自然而然就能幸福美满。然而,更明智的认知是：爱情本质上是艰难的，而它若显得过于沉重，往往是因为我们没有掌握应对其艰难性的技能。

浪漫现实主义指出，恋爱与其他人类活动并无本质区别，而专业技能对于任何领域而言都不可或缺。试图在未受教育的情况下去爱一个人，就如同想象自己未经系统培训就能开飞机或进行脑部手术一样不切实际。

浪漫现实主义将恋爱视为一种可以深度剖析和系统学习的技能，我们不应认为这代表着机关算尽的冷漠或令人难以忍受的理性。浪漫现实主义认为，成功爱情的敌人是直觉，而非理性。

为了更好地去爱，我们必须学会识别过往经历在择偶过程中的重要作用；要宽恕失败，而非仅仅赞美力量；要正确理解伴侣对爱情的独特需求；要妥善处理家庭生活中烦琐的难题；要承认自己的诉求可能是复杂而难以应对的；要明白自己在两性关系中的本质需求及其局限性。

遗憾的是,在感情关系这一课题上,大多数人都宛如白纸。只有欣然补课,我们才能做足准备,缔结一段幸福美满的关系。

二、最终决断:留下还是离开?

"并非每个人都适合婚姻生活。"

拥抱爱情之苦,并不意味着我们应当留恋每一段令人痛苦的感情,也不代表只有处于一段恋爱关系中,我们才能获得肯定和赞誉。拥有成功感情的关键,在于能够认清何时放手才算明智,以及诚实地评估一段关系是否真的适合自己。

现代社会将"正常"和"幸福"与缔结伴侣关系强行挂钩,这对世人造成了极大的负面影响。这种观念使我们以为只有选择一位终身伴侣才算理智,任何其他生活方式都暗示着我们的个性中存在某种严重缺陷。

然而,其他时代从没有过这种观念。在人类历史长河的大部分时间里，社会中的普遍共识是：并非每个人都适合婚姻生活。某些个体为了充分活出自己的精彩，需要维持单身状态。有的人忙于工作，有的人不愿生育后代，有的人需要大量独处时间，有的人在人群中容易感到焦虑，有的人坚守宗教信仰，有的人不愿通过婚姻来行鱼水之欢。简而言之，一个人的最佳状态不是必须通过与另一个人长期共处的方式来体现。

这种选择被称为"独身"。如今，这个词常常与禁欲（刻意放弃性生活）混淆，然而，两者截然不同。独身仅仅代表着一个人放弃与他人产生情感纠葛，但仍可以对性生活持开放态度。

在当今社会中，与其说是独身遭到了某种禁止，不如说是独身的人被当成了异类。世俗观念执拗地认为人就是会渴望跟另一个人长相厮守，如若不然，定是心理或情感上存在某种缺陷。

尽管如此，人群中仍不乏独身之士。

"独身"一词的文化解读往往伴随着两种形象，极为不公正且带有负面色彩：一种是"老处女"，即没有人想娶的女性；另一种是"不婚男"，即渴望有伴侣却因社会偏见而无法缔结一段亲密关系的怪胎。在当今时代，某些人明明有建立亲密关系的能力，却刻意选择了独身。这种现象令人感到不安。可能是因为，我们在无意识中认为"独身"象征着某种自由，而这种自由是令每个人嫉妒的。

真正先进的社会不应逼迫人们成双成对。只有当单身者与非单身者享有同等待遇时，才能确保人们是出于正确原因而选择结伴——出于双方的相互吸引和心灵的契合，而非为了逃避社会的非议。

在当代所标榜的"解放"中，我们还没找到一块遗失的拼图——独身者。独身者尚未摆脱偏见和污名化的重压。人类社会应当营造一种大环境，让独身者不再躲躲藏藏，而是从小就能认同自己的独特性并为之自豪。如此一来，他们及其不幸的伴侣就可以避免双双落入不幸的罗网——缔结虚假的婚姻，从而承受无端的痛苦与责难。

诚然,我们需要更坚定、更有技巧地维系关系,但与此同时,也应当凭借更富有智慧的认知和策略,适时地放弃一段关系。

几乎所有全心全意投入感情的人,都曾在内心上演过坚守或放弃一段恋情的戏码。考虑到爱情带来的种种痛苦,这种纠结实属必然。决断的关键不在于我们是否遭受了痛苦。正如我们的所见所闻,最般配的夫妻也无法彻底摆脱悲伤与磨难。

伴侣之间总是存在那么多遗憾,光是本书寥寥数语,就已细数了十件憾事。然而,这些遗憾永远不该成为终结一段关系的理由。

感到愤怒、遭受背叛、承受怒吼、对洗衣等琐事不满、幻想与他人一夜风流、怨恨自己没有得到足够多的爱、性生活不够频繁,这些挑战和问题都极为正常,也并非无解。

我们不该仅仅因为感到悲伤而仓皇逃离,只有在意识到伴侣带来的痛苦远超爱情固有的苦涩时,才应如此决断。当伴侣的某些性格特征令生活的苦楚远远超出恋爱关系所能容忍的极限,或我们遭受的伤害甚至不在浪漫现实主义所描述的超长痛苦清单上时,我们就应当接受一个事实:我们已经在尽可能成熟地处理问题,但这种隐忍正在毁掉自己的人生。

然而,在诚实地审视所有困扰后,如果我们开始怀疑那许许多多的悲伤根本不该归咎于伴侣,而是该归咎于生活本身,我们就应该与自己和解,坚守初心。

我们将明白,自己是在一位特定人选的陪伴下经历着生命固有的苦难,而非像曾经误解的那样,因为这个人才遭受了苦难。

我们将意识到,那股难以排遣的悲伤不是因为爱情本身出了问题,而是因为爱正沿着其独有的轨迹发展。

图书在版编目（CIP）数据

如何面对爱情里的失望 / 英国人生学校著；杨莎译.
北京：中信出版社，2025.8. -- ISBN 978-7-5217
-7849-6

Ⅰ.C913.1-49

中国国家版本馆CIP数据核字第2025EY3288号

THE SORROWS OF LOVE
Copyright © 2018 by The School of Life
Simplified Chinese translation copyright © 2025 by CITIC Press Corporation
ALL RIGHTS RESERVED
本书仅限中国大陆地区发行销售

如何面对爱情里的失望
主编：　　［英］阿兰·德波顿
著者：　　［英］人生学校
译者：　　杨莎
出版发行：中信出版集团股份有限公司
　　　　　（北京市朝阳区东三环北路27号嘉铭中心　邮编　100020）

承印者：　嘉业印刷（天津）有限公司

开本：787mm×1092mm　1/32　　印张：2　　字数：30千字
版次：2025年8月第1版　　　　　 印次：2025年8月第1次印刷
京权图字：01-2025-1651　　　　　书号：ISBN 978-7-5217-7849-6
　　　　　　　　　　　定价：35.00元

版权所有·侵权必究
如有印刷、装订问题，本公司负责调换。
服务热线：400-600-8099
投稿邮箱：author@citicpub.com

"人生学校"系列

《该有下一次约会吗》
《还会找到真爱吗》
《真的真的准备好结婚了吗》
《我们能不能不吵了》
《如何修复破碎的心》
《该结束这段感情吗》
《如何面对婚姻的考验》
《为什么会爱错人》
《关于性,我们想得太少》
《如何面对爱情里的失望》
《情侣关系手册》

图书策划 中信出版·24小时工作室
总策划 曹萌瑶
策划编辑 杨思艺
责任编辑 杨思艺
营销编辑 生活美学营销组
装帧设计 APT

出版发行 中信出版集团股份有限公司
服务热线:400-600-8099 网上订购:zxcbs.tmall.com
官方微博:weibo.com/citicpub 官方微信:中信出版集团
官方网站:www.press.citic